AF335775

MONNAIES

FRANÇAISES, ÉTRANGÈRES & ROMAINES

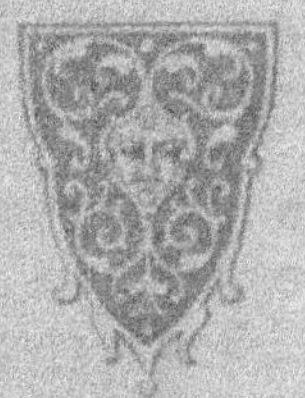

EN VENTE AUX PRIX MARQUÉS

Chez J. FLORANGE, Expert

21, QUAI MALAQUAIS, 21

PARIS

1893

La conservation des pièces est indiquée scrupuleusement.

Les prix sont nets.

Les envois aux frais des acheteurs et payables en un bon à vue sur Paris ou contre remboursement.

Pas de réponse aux demandes d'articles vendus.

———————

Achat de monnaies et médailles de tous pays, tant anciennes que modernes.

Rédaction de catalogues. — Expertises.

Envois à vue aux amateurs qui en font la demande.

———————

CATALOGUE N° 5 :

JETONS FRANÇAIS & MÉDAILLES

qui vient de paraître, est à la disposition de MM. les
Amateurs qui en feront la demande.

MONNAIES

FRANÇAISES, ÉTRANGÈRES & ROMAINES

FRANCE

MONNAIES CAROLINGIENNES

1	**Louis le Débonnaire**. Melle. Denier et obole.	*TB.* à	8	»
2	— Paris. Denier.	*TB.*	30	»
3	— Toulouse. Denier.	*B.*	18	»
4	— Verdun. Denier.	*FDC.*	80	»
5	**Charles le Chauve**. Blois. Denier.	*B.*	3	»
6	— Bourges. Denier.	*TB.*	12	»
7	— Chartres. Denier.	*TB.*	10	»
8	— Melle. Denier au monogramme.	*B.*	3	»
8 *bis.*	— Nevers. Denier.	*TB.*	8	»
9	— Orléans. Denier.	*TB.*	5	»
10	— Paris. Denier.	*TB.*	20	»
11	— Reims. Denier.	*B.*	15	»
12	— Rouen. Denier.	*TB.*	12	»
13	— Rouen. Denier. ROTVMACVS.	*TB.*	15	»
14	— Rouen. Obole.	*AB.*	10	»
15	— Saosnes. Denier.	*TB.*	4	»
16	— Soissons. Denier.	*TB.*	20	»
17	— Térouanne. Denier. *B. mais un peu ébréché.*		30	»
18	**Charles le Simple**. Metz. Denier.	*B.*	35	»
19	— Strasbourg. Denier.	*B.*	20	»
20	**Charles**, fils de Charles le Chauve. Obole d'Aquitaine.	*B.*	18	»

21 **Eudes**. Limoges. Denier.   TB.   4   »
22 — Toulouse. Denier.   TB.   6   »
23 — Tours. Denier.   B.   7   »
24 **Lothaire**. Bourges. Denier.   B.   3   »

MONNAIES CAPÉTIENNES

25 **Hugues Capet**. Beauvais. Denier. (Hoffmann 9.) B.   16   »
26 **Hugues**, fils de Robert. Orléans. Denier. (7 Phi-
     lippe I.)   B.   15   »
27 **Louis VI**. Pontoise. Denier. (5 et 6.)   B. à   5   »
28 — Orléans. Denier. (8.)   B.   1   »
29 — Dreux. Denier. (16.)   B.   15   »
30 — Nevers. Denier. (22.)   B.   4   »
31 — Nevers. Obole. (23.)   AB.   3   50
32 **Louis VII**. Paris. Denier. (1 var.)   B.   1   50
33 — Bourges. Denier. (4.)   B.   4   »
34 — Etampes. Denier. (6.)   B.   4   »
35 — Etampes. Denier. (6 var.)   B.   5   »
36 — Bourbon. Denier. (13.)   B.   18   »
37 — Angoulême. Denier. (18.)   B.   1   50
38 — Angoulême. Obole.   B.   2   50
39 **Philippe II**. Paris. Denier. (1.)   B.   1   50
40 — Arras. Denier. (3.)   B.   1   »
41 — Tours. Denier. (13.)   B.   0   75
42 **Louis VIII**. Obole.   B.   2   »
43 **Louis IX**. Gros tournois. (9.)   TB.   3   »
44 — Deniers tournois. (13.)   B.   0   50
45 — Obole tournois. (14.)   B.   1   50
46 **Philippe III**. Gros tournois. (5.)   TB.   2   »
47 **Philippe IV**. Gros tournois.   TB.   2   »
48 — Denier tournois.   B.   0   50
49 — Maille tierce à l'O rond. (6.)   B.   4   »
50 — Maille tournois. (18.)   B.   2   »
51 — Double tournois. (23.)   B.   2   50
52 — Bourgeois fort. (26.)   B.   1   25
53 — Bourgeois. (28.)   B.   1   »

54 **Philippe V**. Gros tournois au marteau. (2.)   *TB.*   3   »
55 **Charles IV**. Gros tournois. (6.)   *B.*   3
56 — Maille blanche. (7.)   *B.*   3   »
57 — Double parisis. (10.)   *AB.*   2   »
58 **Philippe VI**. Pavillon d'or. (8.)   *TB.*   45   »
59 — Gros à la queue. (22.)   *B.*   4   »
60 **Jean le Bon**. Gros blanc à la couronne. (25.)   *B.*   6   »
61 — Gros blanc à la fleur de lis. (39.)   *B.*   5   »
62 — Gros blanc. (41 var.)   *AB.*   2   »
63 **Charles V**. Franc à pied. (2.)   *TB.*   18   »
64 — Blanc aux fleurs de lis. (7.)   *B.*   3   »
65 — Petit Dauphin. (16.)   *B.*   7   »
66 — Denier du Dauphiné. (17.)   *AB.*   1   50
67 **Charles VI**. Ecu d'or à la couronne. (1.)   *B.*   18   »
   TB.   20   »
68 — Gros. (11.)   *B.*   5   »
69 — Gros aux fleurs de lis. (13.)   *B.*   3   »
70 — Gros dit Florette. (17.)   *B.*   1   »
71 — Demi-gros. (19.)   *B.*   10   »
72 — Blanc dit Guenar. (22.)   *B.*   1   »
73 **Henri V**. Gros dit Florette. (6.)   *B.*   7   »
74 — Double tournois fr. à Rouen. (11.)   *B.*   3   50
75 — Denier tournois fr. à Rouen. (12.)   *AB.*   3   »
76 — Patard. (48.)   *B.*   2   »
77 **Henri VI**. Salut d'or fr. à Rouen. (3.)   *TB.*   28   »
78 — Blanc aux écus fr. à Saint-Lô et à Rouen. (6.)
   B. à   4   »
79 **Charles VII**. Ecu d'or à la couronne. Toulouse. (2.)
   TB.   20   »
80 — Royal d'or. Tours. (9 var.)   *B.*   23   »
81 — Grand blanc. (36.)   *B.*   1   50
82 — Patard. (71.)   *B.*   2   »
83 **Louis XI**. Grand blanc au soleil. Tours. (19.)   *B.*   2   50
84 — Grand blanc au soleil. Romans. (24.)   *B.*   3   »
85 **Charles VIII**. Ecu d'or au soleil. (2.)   *B.*   16   »
86 — Douzain. (11.)   *B.*   1   »
87 — Petit blanc. (12.)   *B.*   2   »
88 — Carolus. Paris. (19.)   *B.*   2   »

89 — Hardi. (37.)	AB.	1	»
90 — Liard au dauphin. (40.)	B.	1	»
91 **Louis XII**. Ecu d'or au soleil. Lyon. (1.)	TB.	20	»
92 — Ecu d'or au soleil pour la Provence. (3 var.)			
	B.	38	»
93 — Ecu d'or au soleil du Dauphiné.	TB.	60	»
94 — Douzain à la couronne. (26.)	AB.	1	»
95 — Douzain au porc-épic. (33.)	B.	6	»
96 — Dizain à L couronné. (39.)	B.	5	»
97 — Milan. Teston. (87.)	B.	60	»
98 — Milan. Gros. (92.)	B.	16	»
99 — Milan. Bisonne. Guivre et pallium. (93.)	B.	13	»
100 — Milan. Bisonne. Cuivre et écu. (94.)	B.	7	»
101 — Milan. Demi-parpaillole. (98.)	AB.	3	50
102 — Milan. Patard. (100.)	B.	6	»
103 **François I**. Ecu d'or. Bayonne. (Saulcy 5.)	TB.	20	»
104 — Ecu d'or. Crémieu. (15.)	TB.	30	»
105 — Ecu d'or. Lyon. (51 var.)	TB.	23	»
106 — Ecu d'or. Romans. (79.)	TB.	23	»
107 — Demi-teston. Angers (132 var.)	B.	16	»
108 — Demi-teston. Grenoble. (149 var.)	AB.	13	»
109 — Teston. Lyon. (182.)	B.	15	»
110 — Demi-teston. Lyon. (186.)	B.	8	»
111 — Teston. Paris.	B.	9	»
112 — Teston. Paris.	B.	16	»
113 — Teston. Saint-Pourçain. (214 var.)	B.	9	»
114 — Demi-teston. Toulouse. (257 var.)	B.	18	»
115 — Teston. Toulouse. (263 var.)	B.	30	»
116 — Demi-teston. Tours. (264 var.)	B.	20	»
117 — Saint-Pourçain. Douzain. (92.)	B.	2	50
118 — Rennes. Douzain de Bretagne. (97.)	B.	3	50
119 — Douzain du Dauphiné. (100.)	AB.	1	50
120 — Paris. Douzain à la croix blanche. (108.)	B.	2	»
121 **Henri II**. Double Henri d'or, 1552. Paris. (Hoffm. 23.)	B.	55	»
122 — Henri d'or, 1553. (27.)	B.	38	»
123 — Teston au buste couronné, 1552, Lyon, et 1554, Saint-Pourçain. (32.)	B. à	10	»

124 — Teston, 1553, fr. au moulin de Paris, par
Étienne Bergeron. (40.) *TB.* 20 »

125 — Teston, 1554, Poitiers, et 1555, Bayonne.
(44.) *B.* à 4 »

126 — Teston, 1557, fr. à Paris par E. Bergeron. (57.)
TB. 18 »

127 — Teston, 1560, Lyon, et 1561, Nantes. (59.)
B. à 4 50

128 — Demi-teston, 1560, Lyon. *B.* 15 »

129 — Teston, 1561, Grenoble. (60.) *B.* 5 »

130 — Demi-teston, 1559, Bayonne. (63.) *B.* 6 »

131 — Teston, 1553 et 1559, La Rochelle. (65.) *TB.* 5 »

132 — Gros de Nesle, 1550, Paris. (70.) *B.* 6 »

133 — Sienne. Parpaillole, 1556 et 1557. (97.) *TB.* à 25 »

134 **Charles IX**. Teston, 1562, 1565, 1567 et 1569,
Toulouse. (10.) *B.* à 3 50

135 — Teston, 1562, Rouen. *B.* 5 »

136 — Teston, 1574 et 1575, Toulouse. (25.) *B.* à 4 »

137 — Teston, 1573, Rouen. Inconnu à Hoffmann. *B.* 20 »

138 — Demi-teston, 1575, Rouen. (29.) *B.* 12 »

139 — Demi-teston, 1563 et 1566. (13.) *B.* à 3 »

140 — Double sol, 1573, Montpellier. (31.) *B.* 2 50

141 — Douzain du Dauphiné, 1574. (36.) *B.* 4 »

142 — Sol, 1568. (43.) *B.* 1 50

143 **Henri III**. Teston, 1575, Rouen. Inconnu à Hoffmann. *B.* 40 »

144 — Teston, 1575 et 1576, Poitiers. (9.) *TB.* à 10 »

145 — Teston de 1575, Paris. (9.) *B.* 8 »

146 — Teston, 1576, Toulouse. (8.) *TB.* 15 »

147 — Franc, 1579 et 1584, Poitiers. (20.) *TB.* à 7 »

148 — Franc, 1577, Rennes; 1580, Rouen; 1581,
Bayonne et 1582, Angers. (20.) *B.* à 6 »

149 — Franc, 1581 et 1583, Toulouse. (25.) *TB.* à 13 »

150 — Demi-franc, 1586, Riom. *TB.* 6 »

151 — Demi-franc, 1587, Amiens, Nantes et Poitiers.
TB. à 4 »

152 — Demi-franc, 1589, Toulouse. *B.* 3 50

153 — Demi-franc, 1586, Paris, et 1587, Angers. *TB.* à 3 »

154 — Demi-franc, 1580, Bordeaux. (26.)　　　　　B.　　4 »

155 — Quart d'écu, 1579, Rennes; 1580, La Rochelle;
　　　　1582, T.; 1587, Rouen et Toulouse; 1589,
　　　　Paris.　　　　　　　　　　　　　　　　B. à　2 50

156 — Quart de franc, 1582.　　　　　　　　　TB.　3 »

157 — Douzain, 1577, Lyon; 1588, Saint-Lô, et 1591,
　　　　Toulouse.　　　　　　　　　　　　　TB. à　1 »

158 — Gros de Nesle, 1582. (36.)　　　　　　　AB.　2 »

159 — Demi-gros de Nesle. (38.)　　　　　　　B.　1 »

160 — Double tournois. (47.)　　　　　　　　AB.　1 50

161 **Charles X**. Quart d'écu, 1590 et 1591, Paris; 1590,
　　　　1594 et 1595, Nantes.　　　　　　　　B. à　2 50

162 — Huitième d'écu, 1590, Paris.　　　　　　B.　2 »

163 — Douzain, 1593, Dijon, Riom et Troyes.　TB. à　1 25

164 — Double tournois, 1594. (16.)　　　　　　B.　3 »

165 **Henri IV**. Piéfort. Essai du franc, 1607. (49.) TB.　300 »

166 — Quart d'écu, 1591 et 1610, Bayonne; 1597,
　　　　Toulouse.　　　　　　　　　　　　　B. à　2 »

167 — Quart d'écu, 1602, 1604, 1605 et 1607, Saint-
　　　　Lô.　　　　　　　　　　　　　　　　TB. à　2 »

168 — Huitième d'écu, 1604.　　　　　　　　B.　1 50

169 — Huitième d'écu du Dauphiné, 1603. (27.) B.　4 »

170 — Quart d'écu de Navarre, 1591, 1596 et 1603.
　　　　(29.)　　　　　　　　　　　　　　　B. à　2 50

171 — Quart d'écu du Béarn et de Navarre, 1594,
　　　　1604 et 1605. (32.)　　　　　　　　　B. à　3 »

172 — Huitième d'écu du Béarn et de Navarre, 1597.
　　　　(33.)　　　　　　　　　　　　　　　B.　3 »

173 — Demi-franc, 1601, Angers; 1601, Lyon, et
　　　　1603, Aix. (44.)　　　　　　　　　　B. à 15 »

174 — Quart de franc, 1597, Dijon, et 1604, Rouen.
　　　　(48.)　　　　　　　　　　　　　　　B. à　3 »

175 — Douzain. (62.)　　　　　　　　　　　B.　2 »

176 — Douzain, 1593, Saint-Lô, et 1595, Riom. (63.)
　　　　　　　　　　　　　　　　　　　　TB. à　1 50

177 — Douzain du Dauphiné, 1594. (64.)　　　TB.　3 50

178 — Douzain de Navarre, 1590. (65.)　　　　B.　10 »

179 — Douzain de Béarn, 1590. (67.)　　　　　AB.　4 »

180 — Monnaie obsidionale de 20 patards de Cambrai, 1595, aux armes de Jean de Monluc, sei-
gneur de Balagny, gouverneur de la ville. Unif.
et octog. Cuiv. *B.* 15 »

181 **Louis XIII**. Demi-louis d'or, 1641, Paris. (24.)
TB. 16 »

182 — Louis d'argent de 30 sols, 1642, Paris. (88.)
FDC. 12 »

183 — Louis d'argent de 30 sols, 1643, Paris. (94.)
TB. 8 »

184 — Louis d'argent de 15 sols, 1642, Paris, et 1643,
Lyon. (97.) *TB.* à 2 50

185 — Quart d'écu, 1613 et 1623. *B.* à 2 »

186 — Quart d'écu de Navarre, 1619. *B.* 2 50

187 — Huitième d'écu de Navarre, 1612. (50.) *AB.* 2 »

188 — Demi-franc, 1615, Saint-Lô. (60.) *B.* 3 »

189 — Demi-franc, 1616, Saint-Lô. Inconnu à Hoffmann avec la tête non laurée. *TB.* 19 »

190 — Louis d'argent de 5 sols, 1642. (90.) 1643.
(100.) *TB.* à 1 50

191 — Piéfort. Douzain, 1618. (108.) *TB.* 35 »

192 — Douzain, 1628. Croix échancrée et cantonnée
de deux fleurs de lis et de deux couronnelles.
Inconnu à Hoffmann. *B.* 3 »

193 — Double tournois, 1614, 1615, Amiens; 1613
et 1627, Bordeaux; 1614, 1615 et 1634, Lyon;
1614, Nantes; 1611 à 1620, 1626, 1629 à
1631, 1643, Paris; 1616, Poitiers; 1612, Toulouse, et 1643, Tours. *TB.* à 0 30

194 — Barcelone. Pièce de 5 réaux, 1642. (145.) *TB.* 48 »

195 — Barcelone. Pièce de 5 sols, 1642. (149.) *B.* 15 »

196 — Barcelone. Seizeno. (151.) *B.* 4 »

197 **Louis XIV**. Quart d'écu, 1644, Rennes, et 1645,
Bayonne. (48.) *TB.* à 4 »

198 — Demi-écu, 1644, Paris. (59). *FDC.* 3 »

199 — Quinze deniers, 1644, Paris. (70.) *B.* 3 50

200 — Ecu blanc, 1650, Bordeaux, et 1652, Lyon.
(74.) *B.* à 8 »

201 — Demi-écu, 1647, Aix; 1650, Rouen; 1652,
Poitiers, Montpellier, Paris et Riom. (76.) *TB.* à 4 »

202 — Quart d'écu, 1649, Toulouse, et 1652, Bordeaux. (77.) *B.* à 2 »

203 — Douzième d'écu, 1647, Montpellier. (78.)
FDC. 1 50

204 — Demi-écu dit carambole, 1685, Paris. (129.)
FDC. 12 »

205 — Demi-écu aux huit L, 1690, pour le Béarn, et
1692, Montpellier (134.) *TB.* à 6 »

206 — Écu aux palmes, 1694, Bordeaux. (140.) *TB.* 8 »

207 — Demi-écu aux palmes, 1693 et 1694. (141.) *B.* à 3 50

208 — Quart d'écu aux palmes, 1693, Lyon, et 1694,
Rouen. (142.) *TB.* à 3 50

209 — Douzième d'écu aux palmes, 1694, Montpellier.
(143.) *TB.* 1 50

210 — Demi-écu aux insignes, 1701. (154.) *B.* à 4 »

211 — Quart d'écu aux insignes, 1702, Lyon et Paris.
(155.) *TB.* à 3 50

212 — Vingt sols, 1707, Paris. (171.) *TB.* 2 50

213 — Demi-écu aux huit L, 1701. (175.) *B.* 3 »

214 — Quart d'écu aux huit L, 1702 et 1704. (176.)
B. à 3 »

215 — Écu aux trois couronnes, 1710, Lyon et Paris,
et 1712, Bayonne. (187.) *B.* à 9 »

216 — Demi-écu aux trois couronnes, 1710, Paris, et
1712, Lyon. (189.) *TB.* à 5 »

217 — Quart d'écu aux trois couronnes, 1709, Paris.
(190.) *TB.* 3 »

218 — Dixième d'écu aux trois couronnes, 1711,
Rennes et Rouen. (191.) *B.* à 1 50

219 — Modène. Pièce de dix soldi, 1704. (272.) *B.* 15 »

220 — Perpignan. Double sol, 1644, contremarqué
d'une main tenant par les cheveux la tête de
saint Jean-Baptiste. (256.) *TB.* 6 »

221 — Strasbourg. Demi-écu aux insignes, 1701.
(283.) *B.* 9 »

222 — Strasbourg. Pièce de 33 sols, 1705. (286.)
               TB. 4 »
223 — Strasbourg. Pièce de 44 sols, 1710. (287.) *B.* 7 »
224 **Louis XV**. Demi-écu, 1716, fr. à Strasbourg. (32.)
               B. 9 »
225 — Écu de Navarre, 1718 et 1719. (34.) *TB.* à 9 »
226 — Tiers d'écu, 1721, Rouen, et 1722, Lyon.
 (42.)   *FDC.* à 3 30
227 — Sixième d'écu, 1721, Lille, et 1722, Metz.
 (43.)   *FDC.* à 2 »
228 — Demi-écu aux huit L., Amiens. (46.) *TB.* 7 »
229 — Écu aux lauriers, 1726, Rouen, et 1734,
 Bourges. (50.)   *TB.* à 8 »
230 — Demi-écu aux lauriers, 1726, Amiens et
 Strasbourg. (51.)   *TB.* à 5 »
231 — Écu au bandeau, 1765 et 1768, Bayonne. (56.)
             TB. à 8 »
232 — Petit écu au bandeau, 1741, Lille. (58.) *TB.* 7 »
233 — Écu de six livres, 1771, Paris, et 1773, Pau.
 (62.)   *B.* à 9 »
234 — Douze sols, 1731 et 1732, Îles du Vent. (85.)
             B. à 5 »
235 — Deux sols. Pondichéry. (101.) *B.* 1 50
236 **Louis XVI**. Louis d'or, 1786. (6.) *TB.* 28 »
             FDC. 32 »
237 — Écu de six livres, 1784, Orléans, 1790 et
 1792, Paris. (11.)   *FDC.* à 8 »
238 — Petit écu, 1789, 1791 et 1792, Paris. (13.)
            FDC. à 4 »
239 — 24 sols, 1775, 1784, 1786 et 1788. (14.)
            FDC. à 1 50
240 — 6 sols, 1783, Paris. (16.)   *TB.* 3 »
241 — 3 sous, 1781, Îles de France et de Bourbon.
 (26.)   *B.* 1 »
242 — Écu de 6 livres, 1792, Rouen, et 1793, Paris.
 (60.)   *TB.* à 10 »
243 — Petit écu, 1792, Paris, (62.) *TB.* 10 »
244 — 30 sols, 1791 et 1792. (63.) *TB.* à 2 »

245 — 15 sols, 1791, Strasbourg. (65.) *B.* 4 »
246 — 15 sols, 1791, Paris. (65.) *TB.* 1,25 et *FDC.* 2 50
247 — 2 sols, 1792, La Rochelle. (70.) *TB.* 0 50

1re RÉPUBLIQUE, 1er EMPIRE, ETC.

248 Monneron de deux sols, 1791 et 1792. *FDC.* à 1 25
249 5 centimes, 1792. Essai. *TB.* 3 »
250 Dix, sept et cinq sols, 1792. Manufacture de Crus-
    sol Potter. *FDC.* 30 »
251 5 décimes, 1793, à la fontaine de la Nature. *TB.* 2 50
252 1 sol, 1793. Strasbourg. *B.* 0 75
253 Demi-écu, an 7, pour le Piémont. (Millin. 150.)
    B. 10 »
254 5 francs pour la Gaule subalpine, an 10. *TB.* 6 »
255 30 sous pour la Gaule cisalpine, an 9. *FDC.* 3 »
256 Bonaparte, premier consul. 40 francs, an 11. *FDC.* 46 »
257 Bonaparte, premier consul. 2 francs, an 12, Stras-
    bourg. *TB.* 6 »
258 Bonaparte, premier consul. 1/4 de franc, an 12.
    B. 1 »
259 **Napoléon Ier.** 5 francs, an 12, contrem. (en
    Vendée?) d'une tête de chat. *B.* 12 »
260 — 1 franc, an 13, Paris. *FDC.* 2 »
261 — 5 francs, 1812, Utrecht et Rome. *B.* à 10 »
262 — 40 francs, 1813, Gênes. *TB.* 50 »
263 **Les Alliés** à Paris. Ange de paix (5 francs), 1814.
    François Ier, empereur d'Autriche. *FDC.* 27 »
264 — Ange de paix (2 francs), 1814. François Ier,
    empereur d'Autriche. *FDC.* 18 »
265 — Ange de paix (5 francs), 1814. Frédéric Guil-
    laume III, roi de Prusse. *FDC.* 90 »
266 — Ange de paix (5 francs), 1814. Frédéric Guil-
    laume III, roi de Prusse. Bronze. Essai. *FDC.* 10 »
267 **Napoléon Ier.** Cent jours. 2 francs, 1815. *B.* 3 »
268 **Napoléon II.** 1/2 franc et 1 centime, 1816. Essai
    en cuivre. *FDC.* à 1 »

269 **Marie-Louise**, duchesse de Parme. Cinq lire, 1832.
FDC. 6 »
270 **Joseph Napoléon**, roi d'Espagne. Ecu, 1809. *TB.* 12 »
271 **Jérôme Napoléon**, roi de Westphalie. 10 francs,
1813. Essai en or. *FDC.* 30 »
272 — 5 francs, 1813. Or. *TB.* 15 »
273 — Ecu, 1811. *B.* 9 »
274 — Florin, 1811. Mines de Clausthal. *FDC.* 13 »
275 — 2 francs, 1808. *AB.* 6 »
276 **Elisa Bonaparte et Félix Bacciochi.** 5 francs, 1805.
TB. 5 »

277 **Bernadotte** (Charles XIV Jean, roi de Suède et de
Norvège). Ecu jubilaire, 1821. Buste du roi, à
dr. ℞. Trois médaillons aux bustes de Gustave I, Gustave-Adolphe et de Frédéric I.
FDC 18 »
278 — Ecu, 1834. *FDC.* 8 »
279 — Demi-écu, 1821 et 1824. Mines de Norvège.
TB. à 7 »
280 **Henri V** (prétendant). 1 franc, 1831. *TB.* 2 50
281 **Louis-Philippe.** 1/4 de franc et 25 centimes. *FDC.* à 0 50
282 — 5 cent., 1843, colonies franç., et 5 cent.,
refonte des monnaies de cuivre, 1847. Essai.
TB. à 0 75
283 **2e République.** 10 cent., 1848. Essai en cuivre.
FDC. 1 »
284 **Napoléon III.** 10 florins, 25 francs. Essai moné-
taire, 1867. Or. *FDC.* 80 »
285 — 50 cent., 1852. *FDC.* 0 75
286 — 10 cent., 1852. *FDC.* 0 50
287 — 10 cent. Visite à Lille, 1853, et 5 cent. Visite
à la Bourse de Lille, 1853. *B.* à 0 75
288 — 10 cent. Monument érigé à la Bourse, 1854.
TB. 2 »
289 **3e République.** Mac-Mahon, président. 5 francs,
1874. Essai en argent. *FDC.* 7 »

MONNAIES FÉODALES

290 **Bretagne**. *Jean IV*. Gros blanc de Vannes à l'écu
    heaumé. (P. A. 856.)   B.   12 »

290 *bis*. — *Jean IV*. Gros blanc de Vannes. (P. A. 1130.)
    B.   3 »

291 — *François I*. Blanc de Rennes (1207) et demi-
    blanc de Rennes. (1207 et 1213.)   B. à 2 »

292 — *François I*. Double de Rennes. (1228.)   B.   2 50

293 **Penthièvre** (Comté de). *Étienne I*. Denier de
    Guingamp. (1431.)   B.   1 »

294 **Blois** (Comté). Denier anonyme. (1692.)   B.   2 50

295 **Issoudun** (Seigneurie). *Raoul II*. Denier. (1994.)
    B.   20 »

296 **Vierzon** (Seigneurie). Denier anonyme. (2028.)
    TB.   5 »

297 **Limoges**. *Abbaye de Saint-Martial*. Denier. (2299.)
    B.   3 »

298 **Aquitaine**. *Sanche*. Denier de Bordeaux. (2717.) B. 3 »

299 — *Richard-Cœur-de-Lion*. Obole. (2769.)   B.   2 »

300 — *Édouard I*. Denier de Bordeaux. (2777.)   B.   5 »

301 — *Édouard le Prince-Noir*. Hardi de Limoges.   B.   1 50

302 — *Édouard le Prince-Noir*. Gros.   B.   7 »

303 — *Édouard le Prince-Noir*. Esterlin.   B.   2 »

304 **Béarn**. *Jean et Blanche*. Blanc. (3345.)   B.   15 »

305 — *Jean et Catherine*. Blanc. (3379.)   B.   3 50

306 — *Jeanne d'Albret*. Teston, 1565.   B.   3 »

307 — *Henri II et Marguerite de Valois*. Teston, 1577.
    (3474.)   B.   6 »

308 *Henri (IIe de Béarn)*. Franc, 1578, 1580 et 1582.
    (3485 et 3486.)   B. à 5 »

309 — *Henri (IIe de Béarn)*. Franc, 1581 et 1582, à
    l'écu parti de Navarre et de France.   B. à 6 »

310 — *Henri (IIe de Béarn)*. Franc, 1583 et 1584, au
    buste vieilli.   B. à 8 »

311 — *Henri (IIIe de Navarre)*. 1/4 d'écu, 1589.
    (3500.)   B.   7 »

312 **Roussillon**. *Alphonse V*. Gros. (3548 et 3551.) *B*. à   5   »
313 **Perpignan**. *Charles I (Quint)*. Double sou, 1531.
 (3599.) *B*.   12   »
314 **Toulouse**. *Bertrand*. Denier. (3682 et 3683.) *TB*. à   5   »
315 **Albi** (Seigneurie). *Raimond*. Denier. (3894.)   *B*.   1   »
316 — *Raimond*. Denier. (3898.) *B*.   3   »
317 **Provence**. *Charles I d'Anjou*. Gros de Marseille.
 (3957.) *TB*.   8   »
318 — *Charles II*. Carlin. (3974.) *TP*.   4   »
319 — *Jeanne de Naples*. Franc à pied d'or (imité de
 ceux de Charles V de France). (4009.) *B*.   30   »
320 — *Jeanne de Naples*. Variété de la pièce précé-
 dente. (4011.) *TB*.   32   »
321 — *Jeanne de Naples*. Sol coronnat. (4022.) *TB*.   4   »
322 **Orange**. *Raimond IV*. Florin d'or. Casque pour dif-
 férent. (4521.) *TB*.   16   »
323 — *Raimond IV*. Franc à pied d'or (imité de ceux
 de Charles V de France). *FDC*.   35   »
324 — *Raimond IV*. Carlin. *B*.   10   »
325 — *Philippe-Guillaume de Nassau*. Gros, 1591.
 (4569.) *B*.   20   »
326 — *Hugues de Baux*, vicomte de Marseille, sei-
 gneur de Mairargues. (1274-1295.) Bulle de
 plomb. *AB*.   10   »
327 **Vienne** (archevêché). Denier. S.M. sous un trait.
 (4824.) *TB*.   7   »
328 — Denier à la tête de saint Maurice. *TB*.   0 50
329 — Demi-gros à la tête de saint Maurice. (4838.)
 B.   12   »
330 — Demi-gros au buste de saint Maurice, de face.
 (4849.) *AB*.   40   »
331 — *Jean II*, dauphin. Denier. (4855.) *B*.   12   »
332 — *Guigues VIII*, dauphin. Florin d'or. (4858.)
 TB.   23   »
333 — *Humbert II*, dauphin. Gros delphinal. (4889
 var.) *B*.   16   »
334 — *Charles V*, roi-dauphin. Florin d'or. (4894.)
 B.   30   »

335 — *Charles V*, roi-dauphin. Gros delphinal. (4911.) B. 6 »

336 — *Charles V*, roi-dauphin. Gros delphinal. (4915.) B. 4 50

337 — *Charles V*, roi-dauphin. Petit dauphin. (4900 var.) B. 10 »

338 — *Charles VII*, roi-dauphin. Petit dauphin. (4963.) B. 5 »

339 **Lyon**. *Conrad le Salique*, roi de Bourgogne. Denier. (5013.) TB. 3 »

340 — *Rodolphe III*, roi de Bourgogne. Denier. (5022.) TB. 16 »

341 — *Henri le Noir*, roi de Bourgogne. Denier. (5025.) B. 22 »

342 — Denier à L barré. (5031.) B. 1 »

343 **Dombes**. *Pierre II*. Blanc. (5096.) B. 3 »

344 — *Louis II*. Ecu d'or, 1578. (5110.) TB. 38 »

345 — *Louis II*. Teston, 1576. (5114.) B. 6 »

346 — *Louis II*. Teston, 1577. (5114.) B. 9 »

347 — *Louis II*. Teston, 1577. (5116.) AB. 5 »

348 — *François II*. Douzain, 1587. (5136.) B. 3 »

349 — *Henri*. Teston, 1605 et 1606. (5147 et 5144.) B. à 6 »

350 — *Henri*. Demi-teston, 1605. (5150.) B. 20 »

351 — *Henri*. Douzain, 1597. (5154.) B. 2 »

352 **Franche-Comté**. *Philippe II*. Gros, 1588. (5297.) AB. 2 »

353 — *Philippe IV*. Deux gros. (5342.) AB. 3 50

354 **Besançon**, *Hugues II*. Denier. (5368.) B. 4 »

355 — (ville). Quart de teston, 1624. (5416.) B. 3 »

356 — Ecu, 1658. TB. 12 »

357 **Montbéliard**. *Ulric*. Demi-gros avec WIRT. (5433 var.) B. 8 »

358 — *Léop. Eberhard*. 3 kreutzer, 1710. (5451). TB. 4 »

359 **Cluny** (Abbaye). Denier. (5596.) B. 5 »

360 **Tournus** (Abbaye). Denier à la tête de saint Valérien. (5610.) B. 5 »

361 **Bourgogne**. *Eudes III*. Denier de Dijon. (5659.) B. 1 50

362 — *Robert II*. Denier de Dijon. (5665.) B. 5 »

363 — *Robert II*. Denier de Dijon. (5668.) B. 3 50
364 — *Philippe le Bon*. Blanc. (5737.) B. 4 »
365 — *Charles le Téméraire*. Blanc avec BOV'.
    (5745 var.) TB. 6 »
366 — *Charles le Téméraire*. Blanc. (5749.) FDC. 6 »
367 **Auxerre** (Comté). Denier anonyme. (5882.) TB. 3 »
368 **Champagne**. *Provins et Sens*. Obole. (5769.) B. 4 »
369 — *Henri*. Denier de Provins. (5976.) B. 1 50
370 — *Thibaut IV*. Denier de Provins. (5980.) B. 1 »
371 **Meaux** (Evêché.) *Etienne de la Chapelle*. Denier.
    (6027.) B. 5 »
372 **Château-Renaud**. *François de Bourbon et Louise-
    Marguerite de Lorraine*. Quart d'écu, s. d.
    (6250.) B. 16 »
373 **Porcien** (Comté de). *Gaucher de Châtillon*. Ester-
    lin fr. à Yves. (6101.) B. 6 »
374 **Cambrai** assiégée par les Espagnols, 1595.
    Henri III, roi de France. 20 patards. Unif.
    Octog. Arg. TB. 60 »
375 — 5 patards. Unif. Octog. Arg. TB. 50 »
376 **Elincourt** (Seigneurie). *Gui IV de Saint-Pol*. Gros
    tournois. (6862.) TB. 50 »
376 bis — *Jean de Luxembourg*. Cromsteert avec LVSEN-
    BOVRG. (6881 var.) B. 22 »
377 **Ligny** (Comté). *Gui de Luxembourg*. Franc à pied
    d'or (imité de ceux de Charles V de France).
    (6893.) TB. 125 »
378 **Hainaut** (Comté). *Marguerite de Constantinople*.
    Gros au cavalier, fr. à Valenciennes. B. 4 »
379 — *Marguerite II*. Grande plaque, fr. à Valen-
    ciennes. B. 9 »
380 — *Philippe le Bon*. Double gros aux armes. B. 2 »
381 **Tournai**. Monnaie obsidionale, 1581. (Maill. 1036.)
    Plomb. B. 6 »
382 — *Philippe II d'Espagne*. Ecu d'argent, 1587. B. 8 »
383 **Lille**. Monnaie obsidionale de 20 sols, 1708. C. B. 1 »
384 **Saint-Omer** (Chapitre). Douze deniers, 1526 et
    1716. C. B. à 1 50

385 **Flandre**. *Philippe le Hardi*. Double gros au lion
     tenant une bannière.   TB.   5   »
386 — *Jean sans Peur*. Double gros au lion.   B.   1   50
387 — *Philippe le Bon*. Gros dit Vierlander.   TB.   2   50
388 — *Marie de Bourgogne*. Gros au lion tenant l'écu.
                                                     B.   2   »
389 — *Philippe le Beau*. Patard, 1502.   B.   3   »
390 — *Charles-Quint*. Demi-réal fr. à Anvers. Or. B.   20   »
391 **Brabant**. *Jean III*. Gros au lion.   B.   1   »
392 — *Jean III*. Esterlin à l'écu aux quatre lions. TB.   2   50
393 — *Philippe le Beau*. Esterlin à la toison d'or, 1497.
                                                     B.   2   »
394 — *François d'Anjou*. Demi-écu, 1582, fr. à
     Anvers.   B.   40   »
395 **Limbourg**. *Charles le Téméraire*. Gros, 1475. B.   3   »
396 **Namur**. *Philippe le Beau*. Florin d'or, 1499. TB.   24   »
397 **Luxembourg**. *Charles IV*, roi des Romains. Gros
     tournois.   B.   4   50
398 — *Wenceslas I*. Esterlin.   B.   1   50
399 — *Philippe IV*. Ecu, 1635.   B.   15   »
400 — *Marie-Thérèse*. 12 sols, 1776.   B.   2   »
401 **Bar**. *Henri III*. Gros blanc de Saint-Mihiel.   B.   25   »
402 — *Robert*. Blanc imité de ceux au K de Charles V,
     roi de France.   B.   15   »
403 **Lorraine**. *Thibaut II*. Double denier au cavalier.
                                                     B.   4   »
404 — *Charles I*. Gros à l'écu penché, fr. à Sierck.
                                                     TB.   10   »
405 — Denier fr. à Sierck.   TB.   1   »
406 — *Antoine*. Teston, 1523.   B.   10   »
407 — *Antoine*. Teston, 1527 et 1534.   AB. à   4   »
408 — *Charles IV*. Teston, 1668, fr. à Nancy.   FDC.   6   »
409 — *Charles V*. Jeton, 1683. Reprise de Vienne.
     (C. Monn. 689.) Arg.   FDC.   2   »
410 **Phalsbourg-Lixheim**. *Henriette de Lorraine-Vaudé-
     mont*. Double tournois, 1633.   B.   1   25
411 **Metz** (Evêché). *Bertram*. Denier.   B.   1   25
412 — *Jacques de Lorraine*. Denier.   B.   1   50

413 — (ville). Gros au saint Etienne debout. *TB.* 5 »
414 — Gros au saint Etienne, à genoux. *TB.* 1 75
415 — Double denier au chef de saint Etienne. *B.* 1 50
416 — Franc, 1616 et 1659. *B.* à 4 »
417 **Verdun** (Evêché). *Thierri.* Denier au nom de la
    Vierge. *B.* 3 »
418 **Alsace** (Landgraviat). *Ferdinand.* Quart d'écu,
    s. d. *TB.* 9 »
419 — *Léopold.* Ecu, 1620. *B.* 8 »
420 **Murbach et Lure.** *Léopold.* Deux batz, 1624. *B.* 6 »
421 **Strasbourg** (ville). Dreibatzner, s. d. *FDC.* 1 75
422 — *Louis XIV.* Demi-écu aux insignes, 1701. *B.* 9 »
423 — *Louis XIV.* Pièce de 33 sous, 1705. *B.* 4 »
424 — *Louis XV.* Pièce de 44 sous, 1716. *B.* 9 »

MONNAIES GAULOISES ET MÉROVINGIENNES

425 **Cavaillon.** Tête de la nymphe et corne d'abon-
    dance. (2545.) Arg. *B.* 25 »
426 **Nimes.** Tête casquée, à dr. R⁄. NEM·COL, dans
    une couronne. (2718.) Arg. *TB.* 25 »
427 **Bituriges** (?). Bige, à dr. Demi-statère. *AB.* 9 »
428 **Namnètes** (?). Tête casquée, à g. R⁄. Personnage
    deb., à g., tenant un torque. (Comp. Muret,
    6721.) 1/4 de statère. *B.* 30 »
429 **Ambiani.** Tête, à dr., et sanglier. Br. *B.* 2 »
430 **Nord de la France.** Traits qui se croisent.
    R⁄. Aurige, à g. (8697.) 1/4 de statère. *B.* 18 »
431 **Marseille** (Patrices). Tête diadémée, à dr. R⁄.
    + NI·F·DVS autour d'une croisette. Arg. *B.* 5 »
432 — Tête, à dr. R⁄. NFDS en monogr. cruciforme.
    (Belf. 2628.) Arg. *AB.* 3 »
433 — Tête, à dr. R⁄. N entre quatre croisettes.
    (2657.) Arg. *B.* 3 50
434 — Tête, à dr. R⁄. NEM en monogr. (2664). Arg.
    B. 3 »

435 — Tête, à g. R⁄. NET en monogr. (2667.) Arg.
B. 2 50

436 — (monétaires). M surmonté d'une croix. R⁄.
Croix cantonnée de CAGO. (2754.) Arg. B. 4 »

437 **Paris**. Tête radiée, à dr. R⁄. Monogramme CS,
accompagné de trois globules et d'une croisette. Arg. TB. 30 »

438 **Trèves**. Triens au buste de Justinien et à la Victoire. TB. 20 »

439 **Viviers**. Triens au buste de Justin et à la Croix.
(Prou 1343.) B. 23 »

440 **Anglo-Saxons**. Buste, à dr. R⁄. Deux personnages
assis, de face, séparés par une Victoire et tenant
ensemble le globe. Imitation d'un sou d'or de
Magnus Maximus. B. 27 »

MONNAIES ÉTRANGÈRES

441 **Allemagne**. *Anne d'Autriche et Philippe II d'Espagne*.
Jeton 1570. Leur mariage. (V. Loon I, 129.) C.
TB. 6 »

442 *Rodolphe II*. Quart d'écu, 1585 (Hongrie). TB. 2 »

443 *Mathias II*. Ducat, 1612, au Saint-Wenceslas deb.
(Prague). TB. 30 »

444 *Léopold I*. Écu, 1695 (Autriche) et 1698 (Hongrie).
TB. à 8 30

445 — Méd., 1690. Couronnement de sa troisième
femme, Éléonore-Mad.-Th., et de son fils,
Joseph I. 38 gr. B. 15 »

446 — Couronnement de Joseph I. Méd. unif. (de
Brunner) dans un cadre de bois. Étain. TB. 3 »

447 *Charles VI*. Méd. de Roettiers, 1717. Prise de
Belgrade. 30 gr. FDC. 18 »

448 — Méd. de Dockler, 1737. Paix avec la France.
15 gr. TB. 7 »

449 *Marie-Thérèse.* Académie de Bruxelles, s. d. 14 gr.
FDC. 3 50
450 **Munster** (Evêché). Christ.-Bern. de Galen. Grand
écu, 1661. Prise de la ville de Munster. TB. 10 »
451 **Trèves** (Archevêché). Udo. Denier à la main.
(Bohl 1.) AB. 8 »
452 *Thierri II.* EPI—COP. Buste du prélat de face,
regardant à g. R⁄. TREV.. CIVIT. Edifice.
Denier inédit. B. 7 »
453 *Thierri II.* Sans légende. Buste du prélat de
face, regard. à dr. R⁄. TREIE CIVIT. Edifice.
Denier inédit. B. 9 »
454 *Henri de Fénétrange.* Denier. (1.) B. 1 50
455 *Boemond de Warsberg.* Denier. (3.) B. 4 »
456 *Baudouin de Luxembourg.* Denier aux deux clefs;
denier à l'aigle et à la clef. (12 et 13.) TB. à 0 75
457 — Denier à l'aigle et à la clef. (14.) Rare. TB. 4 »
458 — Denier à ses armes. (9.) TB. 2 50
459 — Esterlin. (4.) Rare. B. 3 »
460 *Boemond de Sarbruek-Warsberg.* Esterlin. (3). B. 3 »
461 *Conon de Falkenstein.* Gros. (63 var.) B. 4 »
462 — Gros. (64 var.) TB. 6 »
463 *Werner de Falkenstein.* Gros. (33.) B. 3 »
464 — Schilling. (63 var. et 65.) B. à 2 »
465 *Othon de Ziegenhain.* Dreiling. (20.) B. 2 »
466 *Ulric de Manderscheid.* Heller. (2.) B. 2 »
467 *Raban de Helmstatt.* Gros de 1437. Date inédite.
AB. 5 »
468 *Raban de Helmstatt.* Heller. (8). B. 4 »
469 *Jacques de Sierck.* Gros. TB. 3 50
470 *Jean de Bade.* Gros avec NOWA. (10 var.) AB. 4 »
471 **Tyrol** (Archiduché). *Léopold.* Double écu, 1626.
TB. 18 »
472 *Ferdinand.* Écu, s. d. TB. 7 »
473 **Batenbourg** (Seigneurie). Gros, s. d., au buste de
saint Victor. B. 12 »
474 **Brunswick.** *Auguste.* Grand écu obituaire, 1666, à
l'arbre sec. FDC. 13 »

475 — *Georges (Calenberg)*. Ecu, 1641 (date de sa
mort). FDC. 20 »

476 — *Georges-Louis*. 24 Mariengr., 1698. FDC. 6 »

477 — *Rodolphe-Aug. et Ant.-Ulric*. Demi-écu, 1701.
« Duobus fulcris securius. » FDC. 12 »

478 **Hohenlohe**. *Wolfg. Jules* à Neuenstein. Ecu, 1697,
au cavalier. TB. 9 »

479 **Prusse**. *Fréd.-Guill. I*. Quart de ducat, 1714. TB. 4 »

480 — *Fréd.-Guill.* Méd., 1732. Arrivée des émigrants
protestants de Salzbourg. 30 gr. TB. 13 »

481 — *Fr.-Sophie Wilh*. Son mariage à Berlin avec
Guill. V de Nassau.-Orange, 1767. 23 gr. FDC. 12 »

482 **Saxe**. *Jean-Georges I*. Ecu carré, 1615. Naissance
de son fils, Chrétien. B. 25 »

483 — *Madel.-Sibylle de Brandebourg*, épouse de Jean-
Georges I. Ecu fr. par son fils en souvenir de sa
mort, 1659. FDC. 12 »

484 — *Jean-Georges II*. Ecu, 1667. TB. 9 »

485 — *Anne-Marie de Mecklenbourg-Schwérin*, épouse
d'Auguste. Demi-écu obituaire, 1669. FDC. 25 »

486 — *Fréd.-Aug. I*, roi. Grand médaillon en cuivre
repoussé, appliqué sur velours et entouré d'une
guirlande de chêne. 180 millim. TB. 26 »

487 **Grande-Bretagne**. *Elisabeth*. Six pence, 1574 et
1591. B. à 2 »

488 *Jacques I*. Schilling, s. d. B. 3 50

488 bis. *Charles I et Marie-Henriette de France*. Leurs
bustes, à dr. R⁄. « In uno tria uncta » deux
sceptres traversant chacun une couronne et se
réunissant dans une troisième couronne. Jeton
gravé en arg. B. 30 »

489 *Guillaume III*. Son buste, à g. R⁄. REDDITE.
Les trois iles, Angleterre, Ecosse et Irlande.
Jeton. C. B. 3 »

490 *Georges III*. Demi-penny, 1806 ; un penny token,
1811 (Bristol), et demi-penny token, 1812. B. à 1 »

491 *Georges IV*. Méd., 1821. Son couronnement. Br.
FDC. 2 50

492 *Victoria*. Deux et une pence, 1839; 1 1/2 pence,
    1843, et un penny model.   FDC. à 1 »
493 — Dis Cents, 1886, Hong-Kong; deux annas,
    1841 et 1874, Indes.   TB. à 1 »
494 **Danemark**. *Chrétien IV*. Demi-ducat, 1645, à
    légende hébraïque. Troué.   B.   15 »
495 — *Chrétien IV*. Ecu, 1647.   TB.   15 »
496 — *Frédéric*. Douze marks, 1757 à 1762. Or. FDC. à 15 »
497 **Espagne**. *Charles III*. Quatre réaux. 1779.   B.   3 50
498 — *Ferdinand VII*. Méd., 1816. Son mariage avec
    l'infante Isabelle de Portugal. Br.   FDC.   4 »
499 — *Ferdinand III*, roi de Navarre. Pièce en cuivre.
    (3 M.) 1826.   FDC.   2 »
500 **Pologne**. *Wladislas IV*. Ecu, 1640. Thorn.   B.   15 »
501 *Auguste II*. Ecu, 1713.   TB.   10 »
502 *Auguste III*. 8 gros, 1753.   B.   1 50
503 Méd., 1831. La France soutient la Pologne. Br.
        FDC.   3 »
504 Billet de 1.000 fr. pay. chez Perregaux, Laffitte et
    Cⁱᵉ, à Paris. Emprunt de 12 millions de francs
    par le roi de Saxe, duc de Varsovie, 1811.   6 »
505 **Russie**. *Pierre II*. Ecu, 1728.   TB.   9 »
506 **Suède**. *Gust.-Adolphe*. Ecu, 1632, Augsbourg B.   20 »
507 *Christine*. Ecu au Sauveur, 1644.   TB.   15 »
508 *Charles XI*. Méd. unif. Etain.   TB.   2 »
509 *Frédéric*. Ecu, 1726.   FDC.   15 »
510 *Gustave III*. Ecu, 1782.   FDC.   9 »
Voir nᵒˢ 277 à 279.
511 **Italie. Florence**. Florin d'or à l'écu d'Agostino
    Nasi.   TB.   20 »
512 **Mantoue**. *Ferd. Gonzague*. Pièce en or. (C. Rossi
    2101). 13 gr.   TB.   68 »
513 **Milan**. *Philippe II*. Doppia d'oro, 1594.   TB.   30 »
513 *bis* — *Philippe IV*. Teston, 1658.   TB.   4 »
514 **Rome**. *Urbain VIII*. Teston, 1629.   B.   5 »
515 *Alexandre VIII*. Teston, 1690. Deux taureaux
    attelés.   TB.   6 »
516 *Clément XIII*. Double. Jules, 1764.   FDC.   1 50

517 *Pie VI*. Ecu, 1780.   B.   8 »
518 *Pie VI*. Méd., 1791. Défrichement des Marais
     Pontins. Br.   FDC.   4 »
519 *Grégoire XVI*. Méd., 1841. Réparation de l'aque-
     duc Claudia. 33 gr.   TB.   12 »
520 *Pie IX*. Vingt baiocchi, 1848.   FDC.   1 50
521 République. Huit et quatre baiocchi, 1849. FDC. à   1 »
522 **Savoie**. *Amédée V*. Gros à l'aigle avec SABAVD.
     TB.   25 »
523 *Amédée V*. Gros à l'aigle avec SABAD'.   TB.   30 »
524 *Charles II*. Gros fr. à Aoste, 1553.   B.   3 »
525 *Charles-Emmanuel*. Sol, 1583.   B.   2 »
526 **Sicile**. *Constance et Pierre*. Gros.   B.   9 »
527 *Philippe II*. Demi-écu, s. d.   B.   12 »
528 *Philippe II*. Demi-écu, 1558.   B.   10 »
529 *Philippe IV*. Teston, 1662, à l'aigle.   B.   5 »
530 *Charles II*. Demi-écu, 1693, à la Toison d'or. TB.   3 50
531 **Lombardie**. Cinq lire, 1848, Milan.   FDC.   6 »
532 **Venise**. *Mich. Steno*. Sequin.   TB.   18 »
533 *Pasc.-Cicogna*. Sequin.   TB.   25 »
534 *Dom.-Contarini*. Ecu.   B.   9 »
535 *Alois Pisani*. Demi-écu.   B.   4 »
536 Union italienne. Cinq lires, 1848.   FDC.   6 »
537 Indépendance italienne. Cinq lires, 1848. FDC.   6 »
538 Sol, 1570, p. l'île de Chypre.   B.   6 »
539 **Toscane**. *Léopold II*. Cinq quattrini, 1830 et 1845.
     FDC. à   1 25
540 **Suisse**. **Berne**. Plappart.   B.   1 50
541 **Genève**. Douze sols, 1590, p. les soldats. FDC.   2 50
541 *bis* — Méd. dite « des 24 commissaires » 1767,
     gravée par Colibert. 45 gr.   TB.   70 »
542 **Zurich**. Dix schilling, 1736.   B.   1 80
543 **Etats-Unis d'Amérique**. Un cent, 1783, au buste
     de Washington, et 1795, bonnet derr. la tête de
     la Liberté. (Fonr. 353 et 399.)   AB. à   6 »
544 — Un cent, 1803 et 1838.   B. à   0 75
545 — Demi-dollar, 1808.   FDC.   3 50
546 **Colombie**. Pièce en or de Bogota, 1826.   FDC.   15 »

547 **Mexique**. *Augustin*. Peso, 1822. (Fonr. 6547.)
FDC. 10 »
548 — Quart, 1859, San Luis Potosi. C. B. 1 »
549 — *Maximilien d'Autriche et Charlotte*. Méd., 1866,
à la Vierge. 11 gr. FDC. 8 »
550 **Indes**. Pagode de Madras. Or. TB. 10 »
551 — Vingt caches, 1803. B. 1 »
552 **Indes néerlandaises**. Quart g., 1854. FDC. 1 50
553 **Cambodge**. *Norodom I*. Cinq centimes, 1860. FDC. 0 75
554 **Perse**. Monnaie au lion surmonté du soleil. Arg.
TB. 6 »

ROME

a. REPUBLIQUE

555 **Romano-Campaniennes**. Tête de Janus et quadrige. (Bab. 23.10 fr.) TB. 8 »
556 Tête d'Apollon et cheval bridé (39). Br. B. 3 »
557 Tête de Mercure et proue (55). Br. B. 6 »
558 Indéterminé. Denier et victoriat (20 et 36), arg.,
et triens (61). Br. B. à 2 »
559 Rome et la louve (176). Arg. B. 3 »
560 Apollon et quadrige (226). Arg. B. 1 25
561 *Aburia* (6); *Æmilia* (7 et 10); *Cæcilia* (35); *Cal-
purnia* (2 et 11). Arg. B. à 1 50
562 *Æmilia* (8); *Antonia*, Arg. Q. (7); *Atilia* (1 et 9);
Carisia (3 et 5). Arg. B. à 2 »
563 *Barbatia* (2). Arg. B. 12 »
564 *Cassia* (7); *Cloulia* (1); *Considia* (2 et 7); *Cordia*
(3). Arg. B. à 2 50
565 *Cordia* (1); *Cornelia*, arg. Q. (51); *Fannia* (1).
Arg. B. à 1 50
566 *Domitia* (1). Arg. B. 4 »
567 *Domitia* (7, 14, 17 et 18); *Fabia* (1); *Flaminia* (1);
Fonteia (1, 7, 9, 10 et 11). Arg. B. à 1 25

568 *Hirtia* (2). Or. B. 50 »
569 *Hosidia* (1); *Hostilia* (2); *Licinia* (7). Arg. B. à 2 50
570 *Julia* (5, 9 et 10); *Junia* (15); *Licinia* (16);
    Lucretia (1). Arg. B. à 1 25
571 *Julia* (16 et 89); *Junia* (30); *Lucretia* (2). Arg.
    TB. à 5 »
572 *Maiania* (1) et *Marcia* (28). Arg. B. à 5 »
573 *Mamilia* (6); *Manlia* (4); *Marcia* (1, 2, 8 et 11);
    Minucia (1, 9 et 15). Arg. B. à 1 25
574 *Memmia* (1); *Minucia* (19); *Naevia* (6); *Norbana*
    (2). Arg. B. à 1 50
575 *Mussidia* (7); *Petronia* (19); *Pomponia* (6). Arg. B. à 7 »
576 *Papia* (1); *Papiria* (6); *Pinaria* (1); *Plautia* (12,
    13 et 14). Arg. B. à 1 50
577 *Plaetoria* (4); *Poblicia* (4 et 9). Arg. TB. et B. à 3 »
578 *Porcia* (3, 6, 7); *Postumia* (1). Arg. B. à 1 25
579 *Postumia* (13 et 14). Arg. B. à 6 »
580 *Postumia* (8 et 9); *Procilia* (1 et 2); *Quinctia* (6).
    Arg. B. à 1 50
581 *Rustia* (3). Arg. B. 7 »
582 *Rubria* (2); *Rutilia* (1); *Scribonia* (1 et 8). Arg.
    B. à 2 »
583 *Sergia* (1); *Servilia* (1); *Thoria* (1); *Titia* (1 et 2);
    Tituria (2 et 4); *Tullia* (1); *Vibia* (1, 2 et 3).
    Arg. B. à 1 25
584 *Servilia* (14 et 15); *Sextia* (2) usé; *Valeria* (8 et
    11); *Vargunteia* (1); *Vibia* (18 et 20). Æ. B. à 1 50

b. EMPIRE.

585 *Octavie et Marc-Antoine.* Tête de M. Ant. et buste
    d'Octavie sur la ciste. (2.) Arg. méd. B. 35 »
586 *Auguste.* DIVOS IVLIVS dans une couronne. (95.)
    GB. *Jolie pat. verte.* B. 8 »
587 — La Paix deb., à g. (218.) Arg. méd. TB. 45 »
588 *Agrippine mère et Caligula.* (2.) Arg. Rare. B. 20 »
589 *Claude.* EX·S·C·, etc., dans une couronne. (39.)
    GB. B. 8 »

590 — L'Espérance marche à g. (85.) GB. *Belle*
Belle patine verte. B.   10   »
591 *Agrippine et Claude.* (4.) Arg. Rare.   AB.   15   »
592 *Néron.* La Concorde assise, à g. (66.) Or.   B.   60   »
593 — La Victoire, vol. à g. (298.) MB. *Pat. foncée.* B.   5   »
594 *Néron et Claude.* (1.) Arg. Méd.   B.   22   »
595 *Othon.* La Sécurité deb., à g. (15.) Arg.   B.   18   »
596 *Vitellius.* Deux mains jointes. (36.) Arg.   B.   12   »
597 — La Liberté, deb., à dr. (47.) Arg.   B.   9   »
598 *Vespasien.* La Paix assise, à g. Arg.   B.   3   »
599 — L'empereur assis, à dr. (387.) Arg. *TB.* 5. B.   3   »
600 — Bouclier soutenu p. 2 capricornes. (497.) Arg.
TB.   8   »
601 — Victoire deb., à dr. (632.) Arg.   TB.   2   »
602 — Restit. de Gallien. (632.) Arg.   B.   6   »
603 *Titus et Domitien.* Tête de Vespasien et les deux
princes assis, à g. Arg.   B.   15   »
604 *Titus.* Rome assise, à g. (192.) MB.   B.   3   »
605 — Deux cornes d'abondance. (326 var.) MB. *AB.*   2   »
606 — Restit. de Gallien. (405.) Arg.   B.   5   »
607 *Domitien.* La Foi deb., à dr. (111.) MB.   B.   4   »
608 — S. C. dans le champ. (231.) MB.   B.   15   »
609 — Chèvre dans une couronne. (390.) Arg.   B.   8   »
610 — L'emp. à cheval. (401 et 480 var.) MB.   B. à   2   »
611 — Rome assise, à g. (410.) MB.   B.   3   »
612 — Pallas deb., à g. (443 var.) MB.   B.   4   »
613 — Trépied aux deux corbeaux. (552). Arg.   TB.   7   »
614 — Ancre et dauphin. (568.) Arg.   TB.   2   50
615 — Deux chaises curules. (571.) Arg.   TB.   2   50
616 — La Valeur deb., à dr. (651.) MB. *Pat. foncée.* B.   3   »
617 *Domitia.* Corbeille. (13.) PB.   B.   8   »
618 *Nerva.* Deux mains jointes. (18.) MB.   B.   1   50
619 — La Liberté deb., à g. (113.) Arg.   TB.   2   »
620 — La Santé assise, à g. (134.) Arg.   TB.   3   »
621 *Trajan.* Trophée. (98 et 100.) Arg.   TB. à   3   50
621 — S. C. dans une couronne. (122.) PB.   B.   3   50
623 — Victoire deb., tenant une couronne et une
palme. (128 var.)   B.   15   »

624 — Victoire assise, à g. (213 et 295.) Arg. *TB.* à 2 »
625 — Dace assis, à dr. (260.) Arg. *TB.* 4 »
626 — La Paix deb., à g. (278 et 292.) Arg. *TB.* à 3 »
627 — Vesta voilée assise, à g. (288.) Arg. *TB.* 3 »
628 — L'emp. à cheval, à dr., et des soldats. (311, 100 f.) GB. *B.* 30 »
629 — Buste d'Hercule et sanglier. (341.) PBQ. *B.* 8 »
630 — Mars march., à g. (371); Mars march., à dr. (372.) Arg. *TB.* à 2 50
631 — La Paix assise, à g.; à ses pieds, un Dace. (417.) Arg. *TB* 3 50
632 — L'Abondance deb., à g. (467.) Arg. *TB.* 2 »
633 — Dace assis, à dr. (529.) Arg. *B.* 2 »
634 — Temple. (553.) MB. *B.* 3 »
635 — Colonne. (558.) Arg. *B.* 3 50
636 — Bouclier, etc. (569.) MB. *B.* 3 »
637 — Trois enseignes. (579.) MB. *Belle pat. verte.* *B.* 10 »
638 — La Piété. (613.) MB. *B.* 3 »
639 — Victoire vol., à g. (614.) MB. *B.* 4 »
640 — « Via trajana ». (652.) MB. *B.* 3 »
641 *Adrien.* « Aegyptos. » (111 var.) MB. *B.* 6 »
642 — « Africa. » (146.) MB. *B.* 3 »
643 — La Clémence deb., à g. (213.) Arg. *TB.* 3 »
644 — La Concorde entre deux enseignes. (268.) GB. *AB.* 3 »
645 — Neptune (312); Rome assise à g., (342.) GB. *B.* à 5 »
646 — Aigle. (428.) Arg. *TB.* 4 50
647 — Vaisseau, à g. GB. *B.* 6 »
648 — Le Génie du peuple romain deb., à g. Or. *AB.* 35 »
649 — « Hispania ». MB. *B.* 2 »
650 — » (830.) Arg. *B.* 4 50
651 — IOVI OPTIMO etc., dans une couronne. (862, 150 fr.) GB. *AB* 20 »
652 — Adrien assis, à g., sur une estrade en face d'un homme deb. (909.) Arg. *TB.* 7 »
653 — La Liberté assise, à g. (948.) GB. *Belle pat. verte.* *B.* 2 50

654 — La Valeur deb., à dr. (1468.) MB. B. 3 »
655 *Antonin.* « Africa. » (23.) MB. B. 3 »
656 — Colonne. (354.) GB. B. 4 »
657 — Victoire debout, à g. (437.) Arg. TB. 2 50
658 — Junon Sispita. (473.) GB. B. 12 »
659 — La Liberté deb., à dr. (535). GB. B. 3 50
660 — La Monnaie deb., à g. (558). GB.
  Belle pat. verte. B. 12 »
661 — La Paix deb., à g. (582.) Arg. FDC. 4 »
662 — L'Abondance deb., à g. (645.) GB.
  Pat. foncée. B. 4 »
663 — L'emp. et le roi d'Arménie. (686, 80 fr.) GB.
  AB. 15 »
664 — L'emp. assis sur un char traîné par quatre élé-
    phants. (766.) GB. B. 20 »
665 — Temple. (797, 810 et 1074.) GB. B. à 12 »
666 *Faustine mère.* L'Éternité (32); Cérés (84, 93 et 96).
  Arg. TB. à 1 75
667 — Mausolée. (186.) GB. AB. 10 »
668 *Marc-Aurèle.* L'Arménie assise, à g. (7 var.) Arg.
  TB. 4 »
669 — La Fortune ass., à g. (206); la Paix deb., à g.
  (437.) Arg. FDC. à 2 »
670 — Mars march., à g. (316.) GB. *Pat. noire.* B. 4 »
671 — Pallas deb., à dr. (618.) Arg. FDC. 2 »
672 — La Valeur ass., à dr. (1005.) GB. B. 3 »
673 *Faustine jeune.* La Fécondité. (10.) MB. B. 2 »
674 — Pulvinar. (194.) MB. B. 3 »
675 — Vénus. (261.) Arg. B. 3 »
676 *L. Vérus.* « Consecratio. » Aigle. (56.) GB. B. 8 »
677 — Mars deb., à dr. (229.) Arg. TB. 3 »
678 *Lucille.* La Piété, deb., à g. (34.) MB.
  Pat. foncée. B. 3 »
679 *Commode.* La Sécurité ass., à g. (698). GB. B. 6 »
680 — Légende dans une couronne. (999.) MB. B. 3 »
681 *Crispine.* Junon deb., à g. (24.) MB.
  Pat. vert clair. B. 3 »
682 — Vénus deb., à g. (35). Arg. B. 4 »

683 *Albin.* Deux mains jointes. (24.) Arg.   FDC.   18 »

684 *Septime Sévère.* L'Abondance deb., à g. (38 var.);
     La Liberté deb., à g. (306 var.) Arg.   FDC.   à 3   »

685 — Éléphant march. à, dr. (350.) GB.

                                    Pat. foncée. B.   10   »

686 — Pont. (523.) MB.   *AB.*   10   »

687 — Victoire cour., à g. (744.) Arg.   FDC.   3   »

688 *Julie Domne.* Diane deb., à g. (32.) Arg.   *B.*   2   »

689 — Junon deb., à g. (82); La Pudeur ass., à g.
     (168); Vénus deb., à g. (197.) Arg.   FDC.   à 3   »

690 — Cybèle ass., à g. (123.) Arg.   FDC.   5   »

691 — Vénus à demi nue, deb., à dr. (195). GB. *AB.*   8   »

692 *Caracalla.* Mars march. à g. (150.) Arg.   *TB.*   2 50

693 — La Santé ass., à g. (206.) Arg.   FDC   3   »

694 — La Valeur ass., à g. (678.) MB.   *B.*   8   »

695 *Géta.* La Concorde entre six enseignes militaires,
     (20). MB.   *Pat. foncée. B.*   6   »

696 — La Fortune couchée, à dr. (62.) Arg.   *FDC.*   5   »

697 — Mars march., à dr. (76.) Arg.   *TB.*   3   »

698 — « Nobilitas. » Femme deb., de face. (90.) Arg.
                                              TB.   4   »

699 — Géta sacrifiant, à g. (119.)   *B.*   2   »

700 *Macrin.* Jupiter nu, deb., à g. (89.) Arg.   *TB.*   8   »

701 — Quadrige à g. (107.) MB.   *Pat. foncée. B.*   12   »

702 *Elagabale.* « Imp. Antoninus pius aug. » La Fortune
     deb., à g. (50 var.) Arg.   *TB.*   4   »

703 — Mars march., à dr. (109 var.); la Félicité deb.,
     à g. (282.) Arg.   *TB.*   à 2   »

704 *Julie Paula.* La Concorde ass., à g. (6.) Arg. *AB.*   3   »

705 *Aquila Severa.* La Concorde ass., à g. (2.) Arg. *AB.*   10   »

706 *Julie Maesa.* La Pudeur ass., à g. (36); la Félicité
     deb., à g. (45.) Arg.   *TB.*   à 1 50

707 *Alexandre Sévère.* L'Abondance deb., à dr. (32.)
     Arg.   FDC.   3 50

708 — Les thermes d'Alexandre Sévère. (302 fr. 60.)
     MB.   *AB.*   20   »

709 — L'Équité deb., à g. (313); l'Emp. deb., à g.
     (592.) GB.   *Pat. verte. B.*   à 3   »

710 Le Soleil march., à g. (453); la Prévoyance deb.,
    à g. (501.) Arg.   FDC   à 3   »

711 *Maxime.* Instruments de sacrifice. (1.) Arg.   TB.   20   »

712 — Instruments de sacrifice. (5.) GB.   B.   7   »

713 — L'Emp. deb., à g. (10.) Arg.   B.   12   »

714 *Balbin.* Deux mains jointes. (6.) Arg.   B.   10   »

715 — La Providence deb., à g. (23.) Arg.   •   TB.   15   »

716 — La Providence deb., à g. (24.) GB.
                                              Pat. foncée. B.   10   »

717 *Pupien.* Deux mains jointes. (21.) Arg.   TB.   16   »

718 *Gordien le Pieux.* Rome ass., à g. (316.) GB.   TB.   7   »

719 — La Sécurité deb., à g. (327 et 336.) Arg.   TB.   à 1   25

720 — Même type. (329.) GB.   TB.   3   »

721 — L'Emp. ass., à g., sur une cuirasse et couronné
    par la Victoire, reçoit une branche de laurier de
    la Valeur. (400.) MB.   10   »

722 — Hercule deb., à dr. (401.) Or.   B.   68   »

723 *Philippe père.* L'Équité deb., à g. (11.) MB.
                                              Pat. noire. B.   3   »

724 — FELICITAS IMPP dans une couronne. (39.)
    Arg.   TB.   8   »

725 — Lion march., à dr. ; à l'exergue, I. (173.) Arg.
                                            FDC.   4   »

726 — Même type. (176). GB.   AB.   2   »

727 — Temple. (198.) Arg.   TB.   3   »

728 — Temple. (204.) MB.   B.   4   »

729 *Otacilie Severa.* La Concorde ass., à g. GB. et
    MB.   B.   à 1   »

730 — Hippopotame. Arg.   TB.   à 2   »

731 *Trajan Dèce.* Les Panonnies. (87.) GB.   B.   6   »

732 *Salonin.* « Consecratio. » Paon enlevant Salonin.
    (11.) MB.   AB.   15   »

733 *Macrien jeune.* La Fortune ass., à g. (6.) Arg. TB.   20   »

734 *Vabalathe et Aurélien.* Leurs têtes. (1.) PB.   B.   9   »

735 *Tacite.* La Providence deb., à g. (90 var.); l'Es-
    pérance march. à g. (138.) PB.   FDC.   à 3   »

736 — La Félicité deb., à g. (144.) PB.   TB.   1   50

737 *Magnia Urbica.* Vénus deb., à g. (11.) PB.   B.   12   »

738 *Dioclétien.* Jupiter deb., à g. (227.) PBQ. FDC. 8 »

739 — Quatre soldats devant la porte d'un camp. (517.) Arg. B. 3 »

740 *Maximien-Hercule.* Temple. (64.) MB. B. 1 30

741 — L'Emp. deb., à g. (80.) Or. TB. 96 »

742 — Quatre soldats devant la porte d'un camp. (622.) Arg. AB. 2 »

743 — Victoire deb., sur un globe, Trèves. (677 var., 20 fr.) PB. TB. 15 »

744 — VOT.X.M.XX dans une couronne. (678, 20 fr.) PB. TB. 12 »

745 *Constance Chlore.* Jupiter deb., à g. (116.) MB. Pat. noire. FDC. 4 »

746 — Temple. (171.) MB. B. 1 50

747 — Soldats dev. la porte d'un camp. (308.) Arg. B. 4 »

748 — Même type. (314.) Arg. TB. 9 »

749 *Valérie.* Vénus deb., à g. (2.) MB. TB. 9 »

750 *Sévère II.* L'Emp. et Jupiter. (7.) PB. TB. 10 »

751 *Romulus.* Temple. (10.) MB. Pat. brune. TB. 20 »

752 *Constantin le Grand.* Porte de camp. (122, 6 fr.); Rome ass., à dr. (470.) PB. TB. à 3 »

753 — Porte de camp. (665.) PB. FDC. 1 »

754 — L'Emp. en Hercule étouffant un lion. (710.) MB. Pat. foncée TB. 12 »

755 *Constantin le jeune.* Jupiter deb., à g. (135.) PB. TB. 3 »

756 — Porte de camp. (167.) PB. TB. 1 50

757 *Constant I.* L'Emp. et la Victoire dans un vaisseau. (11.) MB. Pat. verte. FDC. 3 »

758 — Victoire march., à g. (156 fr. 25.) Arg. Troué. B. 4 »

759 *Constance II.* Victoire ass., à dr. (254.) Or. B. 25 »

760 — Légende dans une couronne. (341 et 342.) Arg. TB. à 6 »

761 — Même type. (343.) Arg. Petit module. B. 2 50

762 *Vétranion.* L'emp. debout, entre deux enseignes. (1.) MB. AB. 6 »

763 *Julien le Ph.* Soldat terrassant un cavalier. (13.)
   PB.   *B.*   2   »
764 — Légende dans une couronne. (147.) Arg.   *B.*   4   »
765 *Flacille.* L'Imp. deb. (6.) MB.   *B.*   6   »
766 *Maxime.* L'Emp. deb., à g. (10.) MB.   *B.*   2   »
767 — Rome ass., de face. (20.) Arg.   *B.*   4   »
768 *Flavius Victor.* Rome ass., de face. (6.) Arg.   *B.*   10   »
769 *Majorien.* Croix dans une couronne. (19.) Or.
   Tiers de sou.   *B.*   33   »
770 — Victoire deb., à g. (10 fr. 50.) Arg. Q. *AB.*   20   »
771 *Valentinien III.* Croix dans une couronne. (55.)
   Or. Tiers de sou.   *TB.*   15   »
772 **Empire Byzantin.** Héraclius I. Croix. (Sab. 8.) Sou
   d'or.   *FDC.*   25   »
773 — Constantin IV Pogonat. Croix. (Sab. 20.) Sou
   d'or.   *TB.*   28   »
774 *Romain IV et Eudoxie avec ses fils.* Sou d'or concave.
   (Sab. 1.) Or.   *TB.*   38   »
775 *Alexis I.* Sou d'or concave. (Sab. 1.) Or. *B.*   28   »

SUPPLÉMENT

776 *Philippe VI.* Ecu d'or. (3.)   *TB.*   29   »
777 *Louis XII.* Ecu d'or aux porcs-épics. (6.)   *TB.*   25   »
778 *François I.* Ecu d'or à la croisette, Lyon. (12.) B.   22   »
779 *Henri II.* Demi-Henri d'or, 1559. Rouen. (25.) B.   38   »
780 *Charles IX.* Ecu d'or au soleil, MDLXIII, Lyon et
   1564, Limoges. (1.)   *TB.* à 16   »
781 — Ecu d'or à l'étoile, MDLXIII, Paris. (1 var.)
                                                 TB.   18   »
782 *Henri III.* Ecu d'or au soleil et au nom de
   Charles IX, 1575, La Rochelle. (3.)   *B.*   16   »
783 *Charles X.* Ecu d'or au soleil, 1592, Paris. (1.) *AB.*   20   »
784 *Louis XIII.* Ecu d'or au soleil, 1615, Saint-Lô. (2.)
                                                 FDC.   25   »

785 — Ecu d'or au soleil, 1630, Paris et 1632, Amiens.
(6.)   *TB.* à 16   »
786 *Louis XIV*. Louis d'or, 1691, Lyon. (29.) *FDC.*   55   »
787 **Besançon**. Demi-ducat, 1655.   *TB.*   13   »
788 **Berg** (S'Heerenberg). *Guillaume IV*. Angelot à l'ar-
    change saint Michel et au vaisseau. (Serr. 23.) *TB.*   60   »
789 **Nuremberg**. Florin d'or, 1623, au saint Sebaldus.
    Très rare.   *B.*   28.   »

MACON, PROTAT FRÈRES, IMPRIMEURS

Mâcon, Protat frères, imprimeurs.